Mêts Maesllan

Tîm awduro: Bethan Clement, Marian Thomas, Nanna Ryder.
Dyluniwyd gan Helena Christopher, Rhiannon Sparks a Rosemary Hague.

Dyma ni.

O ie – a Bob y ci, wrth gwrs!

Dyma fi. Mim ydw i.

Dyma Tim, Efa a fi ar lan y môr.

Mae Tim yn 15 oed ac mae Efa yn 7 oed.

Dyma fi a Twm o flaen y tŷ.

Mae Twm yn hen. Mae Twm yn 18 oed.

Dyma Mam yn y gwaith.

Gwaith Dad ydy garddio.

Dyma fy hoff fwyd. Mmm...

Ffeil-o-ffaith	
Enw	Mim
Oed	10
Lliw gwallt	brown
Teulu	Mam, Dad, Tim ac Efa
Ffaith	ci o'r enw Bob

Dyma fi. Sam ydw i.

Dyma'n tŷ ni. Mae Dad-cu yn byw

gyda Mam a fi. Tad Mam ydy Dad-cu.

Dw i'n hoffi chwarae pêl-droed.

Mae Dad-cu a fi yn hoffi sgramblo.

Dyma Dad-cu yn rasio.

Dyma fi yn yr Urdd.

Dw i'n hoffi gwaith llaw.

Dyma fy hoff fwyd. Mmm...

Ffeil-o-ffaith	
Enw	Sam
Oed	11
Lliw gwallt	melyn
Teulu	Mam a Dad-cu
Ffaith	hoffi sgramblo

Dyma fi. Wil ydw i.

Dyma Mam a Dai.

Ffrind Mam ydy Dai. Dyn tân ydy Dai.

Dyma fi a Cai, fy mrawd bach.

Mae Cai yn 6 oed.

Mae Cai a fi yn hoffi taecwondo.

Dw i'n hoffi gwylio pêl-droed.

Dw i'n mynd i wylio tîm Maesllan yn chwarae.

Dyma fy hoff fwyd. Mmm...

Ffeil-o-ffaith	
Enw	Wil
Oed	10
Lliw gwallt	brown golau
Teulu	Mam, Dai a Cai
Ffaith	hoffi dringo

Dyma fi. Ben ydw i.

Priodas Siân fy chwaer a Jac.

Fi oedd y gwas bach – smart iawn!

Dw i'n hoffi canu'r gitâr.

Dw i wedi pasio gradd dau. Hwre!

Mae Mam, Dad, Siân, Jac, Gruff

a fi yn byw yma.

Dyma Gruff, babi bach Siân a Jac.

Mae Gruff yn chwe mis oed.

Dyma fy hoff fwyd. Mmm...

Ffeil-o-ffaith	
Enw	Ben
Oed	11
Lliw gwallt	du
Teulu	Mam, Dad, Siân, Jac a Gruff
Ffaith	hoffi chwarae pêl-droed a chanu'r gitâr

Dyma Bob. Mae Bob yn byw gyda Mim

a'r teulu. Mae Bob yn byw mewn cwt.

Mae Bob yn hoffi mynd am dro gyda Mim a Twm.

Mae Bob yn hoffi mynd i lan y môr gyda Mim a'i ffrindiau.

Dyma Bob yn y sioe.

Da iawn ti, Bob!

Cig, dŵr. Mmm...

Ffeil-o-ffaith	
Enw	Bob
Oed	4
Lliw	du a gwyn
Hoffi	cig a dŵr
Ffaith	ddim yn hoffi cathod

Geiriau i'w hymarfer

byw

chwarae

darllen

enw

gyda

hoff fwyd

hoffi

lliw

mynd

oed

pêl-droed

teulu

wrth gwrs

Ewch i wefan
www.canolfanpeniarth.org/metsmaesllan
am weithgareddau